Ernst Miez Hai Teer

AF191894

Ich danke meiner Familie
und meinen Freunden.

Ernst Miez Hai Teer
Gedichte von Dieter Schwan

Musik

Schreiben

Gedichte

Staunen

Rhythmus

Sprache

Bibliografische Information der Deutschen Bibliothek:
Die Deutsche Bibliothek verzeichnet diese Publikation
in der Deutschen Nationalbibliografie;
detaillierte bibliografische Daten sind in Internet über
<http://dnb.dbb.de> abrufbar.

© 2005 Dieter Schwan
E-Mail: gedichte@edgeed.de

Herstellung und Verlag:
Books on Demand GmbH, Norderstedt

Covergestaltung:
Dieter Schwan

Coverphoto:
Moses

Photo:
Irmgard Edelmann

Layout:
Dieter Schwan

ISBN: 3-8334-3103-2

Inhaltsverzeichnis

Vorwort

Das Schreiben und Reimen ist gleichzeitig mit meinen musikalischen Aktivitäten entstanden. Daraus erklärt sich auch meine Vorliebe für die Rhythmik der Sprache. Das Spielen mit den Worten, mit Doppeldeutigkeit von Gehörtem ist zudem ein Riesenspaß und eine nie endende Quelle der Inspiration. Dass ich in den Fluss der Ideen gerate, geschieht oft unvermittelt, überfallartig, ausgelöst durch einen Geruch, ein Gesicht in einer Schaufensterscheibe, Wort- oder Satzfetzen und vieles mehr.

Die nachfolgenden Gedichte sind von etwa 1995 bis Heute so entstanden, teilweise auf der Toilette oder auch auf dem First eines Daches, so dass es manchmal schon Züge einer Slapstickcomedy hatte, wie ich in diesen Momenten versucht habe, eine Möglichkeit zu finden, mir wenigstens Stichworte festzuhalten .

Wenn dann so ein Ding aus mir rausgeflossen ist, bekomme ich meistens dann einen Wutanfall (innerlich), wenn ich merke, dass der schwülstige Romantiker in mir mal wieder ein Mal zugeschlagen hat.

So ging es mir beim „**Klagelied eines Romantikers im falschen Jahrhundert**". Deswegen sind die nachfolgenden vier Gedichte entstanden. Ich musste so über meinen Frust lachen und war gleichzeitig so sauer auf mich, dass ich die beschriebene Situation unter Verwendung der Endreime zu einem neuen Gedicht verarbeitet habe. Dass hat so viel Spaß bereitet, dass ich es direkt noch ein paar Mal gemacht habe.

Die vorliegenden Gedichte sind inspiriert durch meine Freude an Albernheiten, aber auch durch Traurigkeit. Ich werde mich freuen, wenn euch ein Gedicht gefällt und euch zum Lachen oder Nachdenken bringt. Ich wünsche allen viel Spaß beim Lesen.

Dieter Schwan

Ernst Miez Hai Teer

spielerisch ...

Fürbitte

Lieber Gott, mach mich klug,
denn ich hab noch nicht genug.
Lieber Gott, gib mir Geld,
denn ich seh so gern die Welt.

Lieber Gott, mach mich schlau,
ich hätt auch gern `ne tolle Frau.
Lieber Gott, schenk` mir Glück,
denn ich hab`s ja nicht so dick.
Schenk mir noch Lottoglück dazu,
dann hast du endlich vor mir Ruh.

Ich bräucht` auch noch ein gutes Buch,
davon gibt es nie genug.
Etwas mehr Freizeit wär mir recht,
auch ein Urlaub gar nicht schlecht.

Bedenk, mit vollen Händen auszuteilen
könnt meine müde Seele heilen.
Nicht lang zu währen bräucht`, was gut,
hättst du nur ein bisschen Mut.

Ich müsst nicht so lange warten,
um zu pflegen meinen Garten,
voll Ideen und Ergüssen,
schönen Neurosen und auch Nüssen.
Der Bücherwurm könnt rege sein,
komm lieber Gott, schenk` kräftig ein.

Und vielen dank im Voraus auch,
für volle Beutel, satten Bauch.
Den Rest, den schaff ich schon allein,
brauchst ein Mal nur spendabel sein.
So neig` ich mich in Ehr und Furcht,
du hast genug, das ist doch Wurscht.

~

Abends

Abends, phasenweis` zu Haus,
fühl ich mich einsam, fast allein.
Dann hol ich einen Spiegel raus,
stell Kerzen auf, setz mich davor,
mach die Deckenlichter aus
und les mir leise etwas vor.
Ich drin, ich draus, somit zu zwein,
ich bin mit mir nicht mehr allein,
Abends, phasenweis` zu Haus`

~

Sommernacht

Runderneuert scheint der Mond
am Firmament,
vulkanisiert und aufgebläht,
so voll.
So voller Schwüle
in der warmen Sommernacht.
Der Arme
er quält sich, schwitzt, genau wie wir
in uns`rem Dasein, jetzt und hier,
in einer warmen Sommernacht.

~

Ufft Maul geguckd

Isch honn mei Herzblud gebe
unn honn och vill geschaffd
in meinem korze Lebe
unn dobei nie geraffd.

Isch glaub, isch wor de Dumme,
de Buggel krumm, die Knie kabud.
Jedzd sitz isch hei unn flumme
unn in mir kochd die Wud.

Isch honn ganz brav daheim gelefd,
honn immer für die Rend geklefd.
Nix honn isch jedzd, isch arme Sau
geblibbe iss mir nur mei Frau.

Kabud geschaffd für Annere,
Versicherunge, Banke Staad.
Am Besde däd mer auswannere,
stadd hei zo schaffe, glaub mer dad.

Die Eine raffe, Annere trede,
enn Dridde predischd: „Ihr müssd bede",
unn wad de wählsd is Einerlei,
die Dumme sinn doch mir dobei.

`N Blues

Heutzutage, falls man jung,
liebt Mann `n Blues, recht prall gefüllt,
drückt Pfiffe aus gefüllter Lung,
trägt Frau dergleichen sanft verhüllt.

Mann folgt dem Schema,bringt den Text,
gefühlvoll folgt ein Solo dann,
fühlt von den Sinnen sich verhext,
zeigt sich vom Besten, wenn Mann kann.

Schließlich wiederholt Mann leicht,
Mann kommt zum Ende, kommt zum Schluss,
denkt, ich habe es erreicht,
greift voll ins Pralle, lebt den Blues.

Fehlt Resonanz dem Körper dann
und gibt`s ne Abfuhr, wie für Müll,
fühlt `ne Enttäuschung man als Mann.
Was folgt ist Jammern und Gebrüll.

`N Blues liebt`s prall, liebt Abfuhr auch
braucht Menschenmassen, braucht` Gewühl,
lebt von abfahrn, Kneipen, Rauch
`N guter Blues braucht das Gefühl.

Kinderlied

Ein alter Wolf schleicht durch den Wald,
sein Magen ist so lehr.
Er würd` so gerne Futter jagen,
doch es gibt keins mehr.

Huhuhuhuu,
armer Wolf, armer Wolf, armer Wolf

Die Katze sitzt am Fensterbrett,
ihr Frauchen kauft jetzt ein.
Superkatzendosenfutter,
das Jagen lässt sie sein.

Ohohohohoo,
arme Katz, arme Katz, arme Katz

Die Nina will mit Holger spielen,
doch der hat keine Lust.
Er sitzt seit 3 am Video
und Nina heult aus Frust.

Bähähähähää,
arme Nina, arme Nina, arme Nina

Verwandschaften

Ein F, das wollte fögeln gehen,
da ließ das V sich blicken.
Die Lautverwandschaft wollt`s nicht sehn,
das F ging schließlich ficken.

Die C-C-Fliege

Die C-C-Fliege sitzt O-W
auf dem B-B
und macht A-A
H-H.

Vorliebe

Ein Eichelhäher sitzt im Wald
und schaut durch Tannenzweige.
Ich schaue lieber durch den Spalt
des Duschvorhangs auf Heike.

~

Musiker

Der Gitarrist zieht an den Saiten,
der Bassmann wummert vor sich hin,
der Sänger lässt sich gerne reiten,
der Drummer sucht des Lebens Sinn.
Derweil der Tastenquäler drückt
mit Spinnenfingern Klänge, schöne.
Ich frag mich: „Ist die Band verrückt?"
Und: „Haste da noch Töne?"

Der Drummer

Der Drummer übt am Schlagzeug – laut.
drrrrrrr dadabumm dadabumm.
er hat sich das Gehör versaut.
drrrrrrr dadabumm dadabumm

~

Sublimierung

Der Yogi mag die Yoni nicht,
oft übt er sich so in Verzicht.
Und wenn sein Lingam Yoga treibt,
stundenlang so stehen bleibt,
macht er zur Tugend seine Not,
meditiert er wär ein Baum,
ein Fels, ein Stein oder ein Boot,
wird zum Sturm, zum Wellenschaum,
zum Strand, zur Brandung, selbst zur Gischt
und fühlt gar Spritzer im Gesicht.
Ist so die Spannung überwunden,
geht`s ihm gut für viele Stunden.
So lernen wir aus der Geschicht:
Ein Yogi braucht die Yoni nicht.

~

Märchenwelt

Rumpelstilzchen tanzt im Wald,
ihm ist doch so bitterkalt.
Schneewittchen nimmt die sieben Zwerge
und drückt sie fest an ihre Berge.
Hans und Grete und die Hex´
nehmen von Touristen Schecks.

Das G biss

Ein G biss herzhaft auf `nen Stein
und jammerte vor Schmerz.
Ein Schneidezahn war kurz und klein,
das griff mir so ans Herz.
Das arme G
sah aus wie`n C.

Das L, der wer denn

Das L, der wer denn fragte süch
was raschelt da so im G-Büsch?
Sein Freund, der Konsonantendieb
blickt un-g-halten, gar nicht lieb,
ob der Störung der G-danken.
Die Andacht kam ins Wanken.
Da frug das L, wer denn der wär,
der raschelte im Büsch so sehr?
S war ein F, noch ganz verwirrt,
S hatte sich im Wort ferirrt.

Das Segelflugzeug

Das Segelflugzeug ... da, ... so schön.
Es reitet auf den Winden.
Wo ist es denn? Kann`s nicht mehr sehn.
Abgestürzt. Konnt keinen Wind mehr finden.

Der Golfer

Ein Golfer aus Puttgarden lochte gerne ein,
da sprach ein hübsches Vögelchen: „Lass mich
dein Birdie sein."
Er wurde gleich zum Eagle und beide dann ein
Paar,
griff gerne ihre Hügel und sie sein Eisen, ist
doch klar.

Der Reim

Vier durchdachte Zeilen reichen,
um sich einen Reim zu formen,
wo Rhythmus, Endung sich dann gleichen,
so entspricht`s den Reim-Dich-Normen

~

Sehnsucht II

Sonnenschein, die Luft so lau,
der Himmel dunstig, leicht hellblau,
kurze Schatten, Pollen fliegen,
möcht´´ draußen gerne mich vergnügen.
Doch eine Allergie durch Pollen hindert mich,
herumzutollen.
Da bleib ich besser drin, im Haus,
schau mit geschwollner Nase raus.

Erkenntnis

Wer andern in der Nase bohrt,
sucht oft vergebens nach Substanz,
streckt endlich seine Finger vor,
erkennt sich selbst als armen Tor,
dann manchmal lässt er`s ganz.

~

Interaktiver 6-Zeiler
(vom Leser zu ergänzen)

Sie zeigt mir ihr schön Hinterteil
und macht mich furchtbar ...
so wohl geformt und klein, nicht dick.
Mensch Baby, ich denk an ...
wies wackelt, ach ich werd so heiß.
Voll Ungeduld rinnt mir der ...

Auflösung mit Deutung:

> Worttrio 1:
> geil, nen Fick, Schweiß.
> Sie denken nur ansich.
>
> Worttrio 2:
> wütend, die Peitsche, Geifer.
> Sie heißen entweder Freddie
> Krueger, Roger Corman oder
> Harald Schmidt.
>
> Andere Lösungen : Alles, was
> dazwischenliegt, ist normal.

Der Einzelgänger

Man sah ihn selten in Gesellschaft,
meistens nur allein.
Er stand für sich aus eigener Kraft,
er war breit und klein.
inmitten andrer fiel er auf,
die Außenhaut war gelblich-ocker,
es stand auch selten jemand drauf,
auf unsrem Stubenhocker.

Maso

Oh Domina, ich wär so gern
ein Fluginsekt, von dir gefangen.
Von dir gezupft, auch leicht gedrückt,
würd' ich sogar noch aus der Fern,
ich bin nach dir ja so verrückt,
freudvoll zu dir gelangen.

~

Wie unpassend

Ich liebe Fraun mit großen Titten,
spür gerne meinen Schwanz inmitten.
jedoch ich mag nicht, wenn ich spritze,
dass sie mich fragen: „machste Witze?"

~

Das Hohelied

Rätselhaft, doch sehr begehrt,
der Einlass wird dir oft verwehrt.
Doch ist Mann dort sehr gern zugange,
hält ihr ein Leben lang die Stange.
Blüten gleich und ähnelt einer Rose.
Was ist`s? Genau, in Wien nennt Man(n)s:
Die Puderdose.

~

O Weh

Gedanken schießen durch die Birne,
martern alle meine Hirne.
Gase rumpeln durch den Bauch,
martern auch.

So geht`s

Die Schuhe gehen aus dem Leim
und ich geh heim.
Die Hefe quillt, der Teig geht auf
Während ich sauf.

Oh je

Männer, die gebunden,
haben oft empfunden,
dass in manchen Stunden
andre Männer stören.
Hör heute noch ihr Platzhirschröhren.

~

Ernst Miez Hai Teer

eindrücklich ...

Erfahrung

Wenn zwei sich finden,
dann noch binden,
sie sein gewarnt,
denn gut getarnt
schleicht sich die Liebe heimlich weg.
Sie erfüllte ihren Zweck.
Das ganze ist ja gut bekannt,
Ehealltag wird's genannt.

Als Katzenjammer, Langeweile,
treibt Gewöhnung ihre Keile
in das, was anfangs Liebe war.
Man lässt am andern kein gut Haar,
streitet, hat vergessen wies begann,
beide, Frau und Mann.

Doch will ich niemanden belehren,
möcht nicht mahnen, nichts erklären,
möcht nicht einmal den Finger heben,
kluge Sprüche von mir geben.
Denn die Moral von der Geschicht:
man kennts, jedoch man glaubt es nicht.

~

Die Suche

Zurückgezogen in Träumen wandern viele,
nur scheinbar am Leben beteiligt.
Eifrig ihre kleine Insel behütend
und voll heimlicher Trauer
über verlorene, gemeinsame Tage.

So viel Schöpferisches vergeht,
verschwindet auf den unbeachteten
Wegen der Einzelnen,
von denen jeder, trotz allem
ein wenig Hoffnung aus Vergangenem nährt.

Ich sehe dich wieder, erinnere mich
und für kurze Zeit fühle ich wieder,
wie es sein könnte.
Es gibt mir Kraft und nährt
die vielleicht vergebliche Hoffnung
ein ganzes Leben.

Doch möglicherweise ist es das,
die Suche nach diesen erlebten,
flüchtigen Momenten,
in denen deine Haut, dein Gefühl,
das beschreiben,
was Sprache nicht fasst.

Und darum wandere ich weiter
mit meinen Träumen
hoffend, dass wir, uns begegnend,
zumindest für kurze Zeit
von neuem erwachen.

~

Jahreszeiten

Im Frühling wächst die Sehnsucht zu leben,
im Herbst die Sehnsucht nach Dir.
Jahreszeiten - formen mein Leben,
Jahreszeiten - Vier

Jede prägt auf eigene Weise,
jede tief in mir.
Jahreszeiten - rufen leise,
Jahreszeiten - Vier

So wird wieder von neuem begonnen,
so schön der Frühling, hier.
Jahreszeiten - verschiedene Sonnen,
Jahreszeiten - Vier

Und weiter geht es mit längeren Tagen
und kräftiger Sonne als Elixier.
Jahreszeiten - so viel zu sagen,
Jahreszeiten - Vier

Die starken Stürme folgen endlich,
die starke Sehnsucht nach: wir.
Jahreszeiten - draußen so ländlich
Jahreszeiten – Vier

Winter wird den Zyklus vollenden,
Winter für Mensch und Tier.
Jahreszeiten - drehn mich in Händen,
Jahreszeiten – Vier

~

Ja ja die Sonne

Die dunklen Tage sind vergangen, sind
vorüber
zum ersten Mal seit langem ist der Himmel
klar.
Die letzten Wochen voller Regen waren trübe.
Ich seh die Sonne, weiß fast nicht mehr, wie
sie war.

Wir hatten alle uns so sehr danach gesehnt,
nur einen einzgen Sonnenstrahl gewünscht,
doch dieses klare Blau, das ich am Himmel
noch gewähnt,
war wochenlang mit Regenwolken übertüncht.

Könnt ihr erahnen, wie ich jetzt mich fühle,
wie dieses Licht, die Wärme mich aufweckt,
wie Sonnenstrahlen mich und meine Nas´
aufwühlen
und letztere zum Niesen anregt und mich
neckt?

So kommen mir gleich tausend Plane,
was ich an diesem Tag noch machen könnt.
Den Rausch in mir, den ich fühl und kenne,
hab ich vermisst, war lange mir nicht mehr
vergönnt.

Die Konsequenz ist leicht erzählt.
Ich hole mir `nen Stuhl, ein Tuch, ein gutes
Buch
und setz mich stundenlang, durch Sonnenlicht
gestählt,
ins Freie und krieg kaum genug.

Komm wieder lang vermisste warme Sonne,
ich freu mich auf dich jeden Tag,
obwohl`s Klischee, es ist ne Wonne,
die ich die nächste Zeit nicht missen mag.

~

Sehnsucht

Es geschah beim Rasieren vor dem Spiegel,
dass sich gelb rote Flammenzungen aus
meinen Fersen schlängelten.
Mein Herz öffnete sich einen Spalt
und Wasser floss heraus,
das Wort Sehnsucht bildend,
teilte sich über meiner Scham und floss an
meinen Beinen den bunten Zungen entgegen.

Die oberflächengespannten Finger des
Wassers griffen nach den Zungen und
vereinigten sich mit ihnen,
zischend Dampf erzeugend in einem alles
umhüllenden Tanz.
Mir wurde wohlig warm,
meine Haut rötete sich
und das Rasiermesser glitt wie von selbst
über samt weiche Wangen,
schnitt scharf die kratzenden Auswüchse.

Und langsam verlor sich Bewusstes
in Wärme und Nebel,
während der Fluss der
Worte bildenden Empfindungen,
sich weiterhin dampfend vereinigend,
zur mich wärmenden Hülle sich formte.

Sehnsucht, vom tiefen Blick in grünes Licht,
in leuchtende Tiefe erzeugt.
Nie mehr vergessend den Zauber,
blies ich deinen Namen in den Nebel,
atmete und schürte die Zungen,
kühlte den Dampf,
der kondensierend sich
neu verwandelte, sich ausbreitete
und den Raum mit geflossenem Fühlen füllte.

~

Der Lehrer

Der Studienrat, er trägt voll Stolz,
statt eines Ständers seinen Namen,
liest lieber Bücher und spritzt seinen Samen
nächtens nur für sich, was solls.
Öffentlich spritzt er verbal
nur philosophisch, das zur Qual
all jener, die zur Schule gehn
und lieber ihn von hinten sehn.
Die Moral von der Geschicht:
Nur geistig spritzen bringt es nicht.

~

Die Stadt

Das kleine Städtchen hier am Rhein
ist eingeschlafen, tief und fest.
Die Stadtentwicklung ließ man klein,
die meisten gehn, woanders lässt sich besser
sein,
und nur zum Schlafen kommt der Rest.

~

Geschlechtsverkehr

Die meisten reden nur
und das in einer Tour,
von einem guten Fick,
ja jetzt kommt's knüppeldick,
den Mann unlängst konnt erleben,
im Bett, als würd die Erde beben.
Jedoch, dazu gehören zwei
und fragst du, niemand war dabei.

~

Das Landleben

Das Wasser wallt bei vollem Mond,
die Magd dann auf dem Bauer thront.
Die Bäurin denkt sich: „auch nicht schlecht"
und schnappt sich gleich den Knecht.

~

Sonnentage

An Sonnentagen ist man hitzig,
abends in Gesellschaft witzig,
der Himmel du und ich sind Blau.
Genau.

An Sonnentagen rinnt der Schweiß,
schwarze Shirts sind dann salzweiß,
Schuhe werden staubig-grau.
Genau.

An Sonnentagen lädt man ein
zum Grillen und Genuss von Wein,
des Nachbarn Radio macht Radau.
Genau.

Verdauung und Moral

Sie hob ihr müdes Köpfchen,
ihr Bauch, er drückte sehr.
Sie setzte sich aufs Töpfchen,
nach 2 Minuten war er leer.

Ihr ging es darauf gut,
im Bauch war nichts mehr drin.
Sie aß ein Brot mit frischem Mut
und legte sich dann wieder hin.

Sie schlief ein, sehr tief,
verdaute was sie grad erlebt,
träumte vom Bauch wie er sie rief
und spürte, dass er neu erbebt.

Ja ja - so geht es auch uns andern,
man muss verdauen, was man ist.
Am schnellsten muss man für das wandern,
was unverdaut geblieben ist.

~

Sonntags-Muße

Waldi lag am offnen Feuer vorm Kamin im
Försterhaus.
Die Ohrn gespitzt soweit es ging,
lauschte er erst rein, dann raus.

Er liebte es so dazuliegen, an schönen Tagen,
Muße mit Musik,
in seinen Träumen rumzufliegen mit Vivaldi
- Waldis Tick.

Von Frühling, Sommer, Herbst und Winter,
manches sang er leise mit,
träumte er in solchen Stunden,
derweil der Förster Schnitzel briet.

Dann setzte sich der Förster weich,
schnitt Sommers sich sein Schnitzel klein,
schob sich die Stücke einzeln, nicht zugleich,
von Herbst bis Winter in den Mund hinein.

Wie Waldi so gemütlich, manchmal, und dabei
Vivaldi hörn,
würd ich gern vorm Feuer liegen
und ließe mich von niemand störn.

Ein ganzes Jahr nur durchzufuttern,
wie der Förster wär so schön,
ließ dazu im Kopf Gedanken
die ganze Zeit im Kreis sich drehn.

Wie Waldi leis Vivaldi lauschen,
während draus die Bäume rauschen,
vorm offnen Feuer rumzuliegen,
an schönen Tagen, Muße mit Musik,
in meinen Träumen rumzufliegen -

Vivaldi, nicht nur Waldi's Tick.

~

Gedicht

Ich geh dicht an der Wand,
Stein an Stein
und ritz mit meiner Hand
Worte, Verse ein.

Und wie es wächst,
noch unbekannt,
fast wie verhext.
Gedicht an der Wand

~

Sinnenfreuden

An einem schönen Busen
lässt sich herrlich schmusen.
Aus diesem Grunde schmus ich nur
am Busen der Natur.

Im Sonnenlicht zeigt sich die Möse
ungeniert ganz nackt, die Böse.
Sehr erstaunt schaut da der Pimmel
streckt sich freudig gegen Himmel
Lachend öffnet sie die Lippen,
um vergnüglich rumzuwippen.
Zuguterletzt bei diesem Spaß
macht er sie, sie ihn völlig nass.

~

Der kleine Ort

Der kleine Ort liegt in der Senke
und das, solang ich denke.
Man muss auch lange gehen,
um diesen Ort zu sehn.
Doch macht das keinen Spaß.
Da lass ich das.

~

Klagelied eines Romantikers
im falschen Jahrhundert

Ich sehe dich mit Trauer enteilen,
voll Sehnsucht fürcht´ ich, du kommst nicht
zurück.
Bäte dich gerne noch zu verweilen.
Nur kurz von Dauer sollt sein dieses Glück.

Ich spürte mit Staunen die Türen sich öffnen,
wie die Liebe frei sich ergoss,
wie ich konnt Kraft aus dem Vollen schöpfen,
wie wässernd ein Strom zu Vertrocknetem
floss.

Und es begannen von neuem zu wachsen
die Pflänzchen, die so arg gelitten.
Gedanken sich drehten wie Räder auf Achsen
und ich tanzte inmitten.

So seh ich dich mit Trauer enteilen,
voll Sehnsucht weis ich, du kommst nicht
zurück.
Bäte dich gerne noch zu verweilen.
Nur kurz von Dauer sollt sein dieses Glück.

~

Wutgeschrei eines Machos
für die nächsten zwei Tage

Ja, ich sehe dich wütend enteilen.
Mit Bauchweh denk ich, die kommt nicht
zurück.
Ich? Dich bitten noch zu verweilen?
Wer von uns zwei macht denn die Mück?

Ich sah mich mit Staunen Türen öffnen,
dein Geschwätz, das sich ergoss:
„Liebe gibt Kraft, ... aus dem Vollen
schöpfen."
In Wahrheit verwässert wars, was da floss.

Von wegen: „Liebe lässt alles wachsen.
Und ... meine Seele hätt arg gelitten."
Gedanken drehn sich wie Räder auf Achsen
und ich steh hilflos inmitten.

Ich Dummkopf seh dich wütend enteilen,
hab Bauchweh. Mensch, komm bloß nicht
zurück.
Ich? Dich bitten noch zu verweilen?
Ich pfeif auf so`n blödes Stück.

~

Bilanz eines Erfolg-Reichen
in ihrer Ex-Suite

Ich sehe dich wie andre enteilen.
Na gut, das wars. Du kommst nicht zurück.
Und wenn ich dich bitte noch zu verweilen?
Na klar, du suchst dir n anderes Glück.

Ich sah dich mit Staunen das Bankschließfach
öffnen,
wie sich mein Geldregen dann ergoss.
Bekamst genug, aus dem Vollen zu schöpfen.
Unterstützung von mir immer floss.

Deine Ansprüche begannen zu wachsen,
wie Pflänzchen, die lang arg gelitten.
Reisen, Klamotten, immer auf Achsen
und ich zahlte inmitten.

Dann seh ich dich wie andre enteilen
und denke mir: „Blick ja nicht zurück."
Wird auch nicht allein hier verweilen.
Mit meinem Geld ich ne andre entzück.

~

Gedankenflut eines Arschlochs
allein an der Bushaltestelle

Verdammt, jetzt muss mir der Bus enteilen
und ich muss warten. Ich kann nicht zurück.
Könnt sie ja bitten bei ihr zu verweilen?
Ich glaub, da hab ich dann doch kein Glück.

Schon als ich sie sah, die Türen öffnen,
die Hasstirade, die sich ergoss.
Bei so was kann sie aus dem Vollen schöpfen.
Die Schimpfkanonade floss und floss.

„Wär lieber alleine und wollt daran wachsen,
so hätte sie durch mich gelitten.
Ich hätt sie gedreht, wie Räder auf Achsen,
hätt sie ausgelacht inmitten.

Was musste mir auch der Bus enteilen.
Jetzt muss ich warten, kann nicht zurück.
Die bitte mich noch bei ihr zu verweilen.
Bis dahin ich ne andre fick.

~

Abschiedsworte eines Don Juan
in seiner Wohnung

Ich sehe dich mit Freuden enteilen.
Diesmal weiß ich, du kommst nicht zurück.
Dacht schon, du wolltest für immer verweilen.
Du meinst, ich raub dir dein Glück?

Wollt länger schon dir die Tür nicht mehr
öffnen,
trotz deines Gejammers, das sich ergoss.
Ich wollt immer aus dem Vollen schöpfen,
auch wenn schon so manche Träne floss.

Lass mal den Türschlüssel rüberwachsen,
hab dich schon lang genug gelitten.
Komm, beweg dich, heb deine Haxen,
will allein sein hier inmitten.

Na klar, ich seh dich mit Freuden enteilen.
Kennst mich. Ich blicke nie zurück.
Bevor du dran denkst, hier noch zu verweilen,
spring lieber von `ner Brück.

~

Ernst Miez Hai Teer

tierisch ...

Viechereien

Ein Nashorn steckte seine Nase
In eine Vase.
War se entzwei?
Na klar, ne ne, doch doch.
Egal, es ist doch einerlei.
Nur der Besitzer rätselt ob des Täters noch.

Ein Eisbär war beim Militär,
genau gesagt beim Heer.
Herumgeschubst,
mal hie, mal da,
unwillig hat er da gepubst.
Nur der Major, wußt nicht, wer es war.

Ein Huhn gemütlich pickt Ogramme
Von einem feinen Kamme.
„Kamerad`- und Innen hier,
die Ogramme sind so fleckig
und ich hab schon vier."
Die andren Hühner lachten dreckig.

Ein Hase hüpft schnell aus dem Wald
und macht auf einer Wiese Halt.
Er hebt die Löffel, dann den Schwanz
und denkt beim knütteln: „Ja ich
kann`s."
Er putzt sich dann von Kopf bis Fuß
und denkt: „Das war doch ein Genuss."
So befreit von dieser Last,
hüpft er zurück, doch ohne Hast.

Ein Delphin schwimmt umher
Im warmen Roten Meer.
Immer gut gelaunt,
neckt er Haie, Wale,
dass die ganze Fischwelt staunt:
„Ja hat der se noch alle?"

Ein Gnu mit Namen Anne
staunend fragt in die Savanne:
„Diese Wanne voller Mist,
steht doch schon sechs Wochen da.
Wie sie hier wohl hin kam ist
Fraglich auch noch nächstes Jahr?"

Ein wilder Stier mit Namen Heinz
trinkt gerne Bier, oft mehr als eins.
Einzeln schüttet er sie runter,
schnell, nicht langsam, mit Bedacht.
Dann werden die Toreros bunter
Und er steht da und lacht.

Eine Schlange schlängelt sich
Ins Wasser und schwimmt wie ein Fisch.
Fichtenwälder meidet sie,
weil die Nadeln stechen.
Eine Maus verschmäht sie nie.
Ihr Fell muss sie erbrechen.

Der Pillendreher stöhnt, o-weht,
wenn er seine Kugel dreht.
Treten Menschen ihm darauf,
während er am Schaffen,
regt er sich gleich mächtig auf:
„Ach ihr blinden Affen."

Ne Bakterie tummelt sich
In Magen, Säure mag sie nich´.
Nichtigkeiten und Geschwafel
Klatsch und Tratsch und Völlerei
An der reich gedeckten Tafel
mag sie auch nicht. Sie mag Brei.

Ne Mücke flog sehr nah vorbei
an einer Kuh und aß dabei.
Da beides, fliegen und auch essen,
oft Schwierigkeiten ruft hervor,
hat sie den Kuhschwanz wohl vergessen.
Der traf sie voll am Ohr.

Der Buchfink nervt schon seit 3 Stunden.
Er hat noch keine Frau gefunden.

~

Ein komisch Tier
Das Plischpalüplimblümerant
lief Kopf voraus ganz gern zur Wand
und es bremste selten.
Sah Sterne wie von andren Welten,
die es schön fand.

Das Plischpalüplimblümerant
stand da, gefesselt, ganz voll Sand
und beschimpft auf alle Arten.
Tja, das war im Kindergarten,
da in England.

Das Plischpalüplimblümerant
stand ab und zu auch unerkannt
auf `ner Party rum
und schaute ziemlich dumm.
Da wars besoffen, so `ne Schand.

Das Plischpalüplimblümerant
war zu Frauen sehr galant.
Doch sagten die: „So`n komisch Tier.
Mach dich ab, verschwinde hier.“
Das war allerhand.

Das Plischpalüplimblümerant
wollt zurück sein Flaschenpfand
und Wackelpuddingeis sich kaufen.
Doch wars umsonst gelaufen.
Das Eis war unbekannt.

~

Pingi Pinguin

Pingi schlittert gern vom Eis,
das meistens weiß und tief gefroren,
oft hat er auch recht kalte Ohren,
ins nahe Meer mit all den andern,
die von der Arktis hierher wandern.
Zu welchem Zweck? Wer weiß?

Wahrscheinlich nur um rumzurutschen
vom kalten Eis ins wärm`re Nass.
Mit andern macht das viel mehr Spaß.
Mit all den Robben, Pingueinen,
die oft von weither hier erscheinen,
um ab und zu ein Eis zu lutschen.

Oft schielt verdeckt er nach Regine,
die sehr umschwärmt und stark hofiert
und auch von andren angestiert,
voll Stolz genießt die Huldigung
von Groß und Klein, von Alt und Jung.
Er nennt sie heimlich Honigbiene.

Er wurd von ihr nie wahrgenommen,
im Gegenteil nur ignoriert,
egal was er riskiert`.
Ob Felsenspringen, Fische jagen,
`nen Salto oder sonst was wagen,
egal wie weit er raus geschwommen.

All sein Trachten und sein Sehnen
galt nur ihr, nie andren Damen,
die zum Flirten hierher kamen,
doch endlich kam er zu dem Schluss:
„Regine ist 'ne doofe Nuss
und eigentlich zum Gähnen.“

„Steht nur da mit stolzer Brust,
um sie 'rum nur Jungs, die balzen,
sich wechselweis` die Supp` versalzen,
den Platzhirsch machen und sich hauen.
Besser nach `ner andren schauen,
sonst steigt und steigt und steigt mein Frust.“

„Ach sieh, da ist ja Claudia,
schön geformt, sehr appetitlich,
im Verhalten brav und sittlich,
klug, gebildet und spontan,
an die mach ich mich jetzt ran.
War die nicht schon immer da?"

Gesagt, getan, er schlittert übers Eis,
das meistens weiß und tief gefroren,
verliebt bekommt er rote Ohren
und rutscht ins nahe Meer mit all den andern,
die von der Arktis hierher wandern.
Zu welchem Zweck? Ich weiß.

~

Die Hähne

Der Dorfhahn kräht um halber Vier,
als würd´ er seine Hennen suchen,
so jämmerlich: „Wo seid denn ihr?
Ja sagt mir doch in welchem Loch?"
Dann nur ein letztes Krähen noch,
das aber klingt nach fluchen.

Ein andrer Dorfhahn kräht voll Stolz:
„Ihr Hennen kommt, ich bin bereit."
Doch keine Henne weit und breit.
So jämmerlich wird dann sein Krähn:
„Kikeriki, Kikeriko, Kikerikäää."
Der Dorfhahn kann kein Weib erspähn.
Er kratzt den Boden, bläht den Kamm, dann
Jäh,
dann kräht er: „Ach watt solls."

~

Der Gepard

Es hatte sich gepaart mit `nem Gepard,
ohne jede Eile
eine andre Katze.
Die zog `ne Fratze
nach `ner Weile.
Das war ihr doch dann wohl zu hart,
mit dem Gepard.

Die Pflicht

Er streicht so gern durch Busch und Strauch,
auch Nachts mit einem Lichtreflektor.
Ihr wisst es schon, ihr kennt ihn auch.
Es ist der Schuldirektor.

Er jagt die Schüler, die im Dunkeln
sich gerne küssen, hört man munkeln.
Verbirgt sich, lauscht und sucht,
Seine Frau zu Hause flucht
auf Schüler, Rektor und die Pflicht,
löscht meistens spät allein das Licht.

~

Ernst Miez Hai Teer

ausdrücklich ...

Bank-Marketing

Frau Herden, genannt Geierwally,
macht ziemlich gerne Halli-Galli.
Sie trinkt und tanzt und strippt und lacht
und was man sonst so alles macht.

So sah ich sie zur Faschingszeit,
allzeit bereit und allzeit breit.

Im Haar trug sie `ne Feder,
von `ner Bank ein Geschenk.
Die bekommt nicht jeder.
Ich seh es, stutze und ich denk:

„Die Bank ist sehr symbolisch, in der Tat.
Auch Säufer soll`n ins Reservat."

~

Das Leben

Das Leben ist oft intensiv,
was bleibt, das geht sehr tief,
der Rest ist nicht so wichtig.
Ist doch richtig?
Oder?

Amphorismen

Ein guter Schluck
macht auch nur: „Gluck".
Ist nix drin im Glas
wars das.

Schöne Fraun

Ich seh gern schöne Fraun,
doch meistens nur von hinten,
ist so lieblich anzuschaun,
auch wenn sie schnell verschwinden.

Inspiration

Was ich sehe inspiriert mich,
vom Grashalm bis zum Tisch.
Doch seh ich dich, tuts nur noch weh.
Ist besser, wenn ich dich nicht seh.

Das war knapp
Langsam verdichtet sich das Gewitter.
Regen prasselt herab.
Blitze zucken nieder.
Die Stimmung wird düster und bitter,
dann macht das Gewitter schlapp.
Das war knapp.

~

Wenn sich Poeten treffen
(Beim Poetry-Slam)
Wenn sich Poeten treffen
und das Publikum entscheidet,
der eine oder andre leidet,
denn nur Lachen wird gewünscht,
das Alltagselend übertüncht.
Ernsthaft, glaubhaft Lachhaftes
zum Gewinn zu präsentieren,
welcher Dichter wagt es, schafft es
Und sich dabei nicht zu blamieren.
Wenn sich die Poeten treffen,
um sich und andre nachzuäffen.

~

Die Illusion

Da kam `ne hübsche Frau daher,
ich konnte sie auch riechen,
im Beruf erfolgreich,
Geld wie Heu und mehr
und wollt in kulturellen Nischen
finden einen Scheich.

„Mylady, was ihr findet,
Intensität vor allem hier
in der Subkultur,
Inspiration vielleicht, doch mündet
eure Partnerprägung mir
im Versorger nur.

Mercedes gibt's hier selten
und auch das Geld ist knapp.
Materiell ist out,
das hier sind andre Welten.
Auf Status fährt nur ab,
wer oberflächlich schaut.

Gesellschaftlich Versager
sind alle Menschen hier,
voll Lebensfreude ja
und auch voll Leid, oft mager,
im Unternehmen Deutschland keine Zier
taugen nur als Narr.

Der Frau Prinzip der Partnerwahl
ist 30.000 Jahre alt,
nicht sehr intensiv.
Für Bänker sicher keine Qual
und Manager, die brauchens halt
wirklich nicht so tief.

Frauen, die so sind wie wir,
gibt es wenig nur,
vielleicht 5 Prozent.
Genunfälle sind wir hier,
langweilt uns doch in einer Tour
eure Gier am End.

Such dir Deinesgleichen
hier findest du ihn nicht.
Bei der Konditionierung
such dir einen Reichen
und nimm ihn in die Pflicht,
am Besten, jung.

Es sei denn du magst
andre Wege geh,
nicht Versorgung sichern.
Sei dir klar, was du dann wagst.
Kannst durchaus deinen Mann stehn
und drüber heimlich kichern."

~

Ignoranz

Der Ami zieht laut durch die Welt
und meint was ihm, auch uns gefällt.
Er schenkt uns die Konsumkultur,
reduziert auf sein Gemüt,
jagt durch die Welt in einer Tour,
zertrampelt alles, was da blüht.
Entwirft was sein soll im TiWi,
die Kiddies folgen gerne nach,
doch kommt the real life, you`ll see
Ratlosigkeit und Weh und Ach.
Denn Alles, was nicht mehrt den Wert,
den Ami herzlich wenig schert.
So zieht er ewig weiter durch die Welt
auf seiner Hatz nach Macht und Geld
schenkt unsrer Intelligenzia
globale Dummheit, wunderbar.

~

Mal was andres

Jetzt mal was optimistisches,
was lebensfreudig lustiges.
Komm gib mir einen Kick.
Bring mir den Spaß zurück.

Jetzt mal was intensives,
was eindringliches tiefes.
Komm rede mir gut zu.
Reiß mich aus meiner Ruh.

Jetzt mal was spring lebendiges,
was neues eigenhändiges.
Komm reiße mich vom Hocker.
Lass dabei bloß nicht locker.

Jetzt mal was träumerisches,
was versponnen frisches.
Komm nimm mich mit dorthin.
Pflanz´ mir`s in den Sinn.

Jetzt mal was eindrucksvolles,
was bildgewaltig tolles.
Oder komm ins Bett.
Ist doch auch ganz nett.

Unsre Eliten

Die Macht-Eliten unsrer Zeit
treibt die Gier und Eitelkeit.
Jeder Mode folgen sie.
Bedenken das Ergebnis nie.
Sie jammern laut und machen schlecht.
Die Medien geben ihnen recht.
Sie lagern aus und setzen frei,
10 Jahre später laut Geschrei.

Das keiner mehr was konsumiert,
und auch niemand investiert.
Ohne Spielraum ist der Staat,
aufgegangen ist die Saat
des Jammerns und der Hetzerei.
Die Staatserpressung ist vorbei.
Entlassen sind die Massen, sind jetzt frei.
Wer Arbeit hat, der schafft für Zwei.

Zuversicht und Hoffnung sind gestorben.
Das allgemeine Klima ist verdorben.
Der Erzfeind starb beim Mauerfall.
Der eigne Sieg wird jetzt zur Qual.
Ins Globale flüchten die Eliten.
Kaputte Welten sind schlecht zu vermieten.
Wer nichts mehr hat, kann nichts mehr kaufen
und das, was bleibt, reicht grad zum Saufen.

Und die Eliten denken sich:
„Woanders gibt's noch mehr für mich."
Und tschüss, auf Nimmerwiedersehn.
Wir können ohne euch zugrundegehn.
In hundert Jahren ist die Welt zerstört
und eurem Nachwuchs dann der Rest gehört.
Viel Glück für eure Trümmerkinder,
Frühling, Sommer, Herbst und Winter.

~

Unternehmen Deutschland
Im Unternehmen Deutschland
werden die Massen
entlassen,
zu Lasten der öffentlichen Hand.

Im Unternehmen Deutschland
wird das Gemeinwohl
wohl
zum Nutzen der Wirtschaft verbannt.

Im Unternehmen Deutschland
kommen die Steuern
zum erneuern
von den Kleinen, die bleiben im Land.

Im Unternehmen Deutschland
wird Vernichtung von Arbeit
zur Zeit
subventioniert als Aufbau von Europas
Neuland.

Im Unternehmen Deutschland
ist die Lebensfreude
heute
verschwunden und bald unbekannt.

Im Unternehmen Deutschland
ersetzen Gier und Neid
Mitmenschlichkeit,
Unternehmenskultur gebaut auf Sand.

~

Altersfrust
ich hab jetzt ein Wolfsgebiß,
Mir fehlen vorn die Zähne.
Nur noch zwei Hauer, so`n Schiss,
Verdrücke eine Träne.
Die andren Zähne fehlen mir,
dent- und auch mental,
Krieg bald neue, mir zur Zier,
denn ohne wär fatal.

~

Amor
Amor gibt mit vollem Köcher,
schießt in Herzen tiefe Löcher,
doch ist es Bosheit, keine Frage,
trifft er nur einen.
Liebe wird so zu `ner Plage
und ich muss weinen.
Oh Amor, großer Gott der Liebe
eigentlich verdienst du Hiebe.

~

Der Mensch ist groß
(Das letzte Tabu der Menschheit?)
Groß der Mensch und ohne Grenzen,
in der Schule lernt man`s so.
Nichts ist unmöglich, wenn er`s will.
„Doch Herr Lehrer, sagt mir wo
schuf er in all den Zeiten
die lebenswerte Welt für Mensch und Tier?"

„Die dumme Frage kommt vom Schwänzen.
Nicht machbar ist die Utopie
mit der Humanität als Ziel.
Das erreicht der Mensch doch nie.
Vergiss es, lass dich nicht verleiten.
Das schafft der Mensch nicht, glaube mir."

Groß der Mensch und doch mit Grenzen,
nur die Schule lehrt`s nicht so.
„Mensch nennt zwar täglich dieses Ziel,
doch Herr Lehrer, sagt mir wo
schuf er in all den Zeiten
die lebenswerte Welt für Mensch und Tier?"

~

Die Tiefe

Ich saß am Teich und hörte :"Quak",
den ganzen Tag.
„Quak-Quak" den ganzen Tag.
Ich grübelte sehr lange -horch
ist das nicht ein Frosch ?
schlich schließlich näher an den Teich
und dacht´ bei mir: „ Euch ich seh gleich."
Jedoch die Frösche waren Vers-Unken.
Das hat mir dann sehr gestunken.

Der Verlust

Zahnarzt zieht mir meine Zähne,
hab bald keine mehr
Friseur fraß mir meine Mähne,
vermisse alles sehr.
Doktor sagt : „ Mit ihren Knochen
die Gelenke krank.
Dauert nur noch ein paar Wochen
Knochen liegen blank. "
Begräbnis ist da nicht mehr drin,
bin jetzt Sondermüll.
Alles falsch, von Knie bis Kinn,
nur noch echt die Hüll´.
Körper geht kaputt, mein Schatz
hält nur noch mit Ersatz !

Bekenntnisse eines Feuerwehrmannes

Bin gern draußen.
Natur und so.
Iss klasse.
Irgendwie so echt.

Erinnert mich an was,
so was von früher.
Iss abgefahrn.
Irgendwie genetisch.

Steh auf Feuer, Flammen.
So stammesritualig.
Iss magisch.
Irgendwie hypnotisch.

Seh´s gern brennen,
Feuer und so.
Iss archaisch.
Irgendwie gelegt.

Von mir.

~

Media sei Dank
Am 2.6.2004
hat der allgemeine Trend
mir
zur Freude,
also Heute,
den Bohnenstangenwahnsinn,
ich hätt`s fast verpennt,
beend´.
Mobbelig sein ist wieder in,
für Hände und Augen ein Riesengewinn.
Nie wieder dürrgestängig
den Sinnenfreuden
durchgängig
voll Frust
eine Absage erteilen.
Es lebe die Lust
an praller Brust
zu verweilen.
Ich gönn`s allen Leuten.

~

Genug

Bin einfach nur noch müde.
Fraun gehen mir am Arsch vorbei.
Die Schätze, die ich hüte
war`n einst gedacht für Zwei.

Ich mag nicht mehr, bin ohne Kraft.
Das Kämpfen hat mich doch geschafft.

Hielt Hoffnung für `ne Tugend
und Kämpfen für `ne Pflicht,
nicht nur in meiner Jugend.
Heut scheint`s im andren Licht.

Ich will nicht mehr, bin deprimiert.
Hat alles nur zu Schmerz geführt.

Von Worten bleiben Narben,
ins Herz gelachte tiefe Schnitte.
Das war`n die Liebesgaben.
Will nicht mehr leiden, bitte.

Ich geb´ mich geschlagen, gebe auf
und lass den Dingen einfach ihren Lauf.

Genug, ich mag nicht mehr.
Vielleicht morgen wieder.

~

Angst vor der Stille
Sie ist so laut, die Welt,
voll Lärm und Zivilisation.
Angst vor der Stille hält
uns in ihren Klauen schon.

Wenn sie uns heimlich packt
zuhaus, wenn wir allein.
Dann fühlen wir uns nackt.
Schalten die Glotze ein.

Dann verschwinden wir
im allgemeinen Krach.
Berieselt bei `nem Bier,
denkt niemand gerne nach.

Doch, in seltnen Augenblicken,
oft wenn wir draußen sind,
lässt Stille uns entrücken,
so dass man Frieden find.

~

Der Banker

Der Banker wird in seiner Lehre
konditioniert,
damit er gut die Gelder mehre.
Es funktioniert.

Er schaut herab auf arme Leute,
die vorher waren seine Beute.
Den Reichen schiebt er`s hinten rein,
er hat gelernt: „so soll es sein."
Den Letzteren dient er sehr gern,
den Ersteren macht er den Herrn.

So wurd´ ihm sein Gehirn gewaschen,
manipuliert.
Er füllt nur ganz spezielle Taschen.
Er hat`s kapiert.

In seiner Welt regiert ein Gott,
der Raffgier liebt und den Bankrott.
Vor meinem Gott sind alle gleich,
bei seinem gilt nur der, der reich.
Deswegen hat ihn keiner lieb,
denn sein Erlöser ist ein Dieb.

~

(Rezept für meine Leser)
Tomatensuppe mit Sherry

Zutaten :

Frische geschälte Tomaten / ersatzweise
aus der Dose
2-3 Zwiebeln, gustomäßig
1-1,5l Hühnersuppe aus Extrakt oder
selbstgemacht
1 dicke Petersilienwurzel
1 Flasche Sherry halbtrocken, davon die
Hälfte für die Inspiration des Kochs
Olivenöl, extra jungfräulich
Jede Menge frische Kräuter:
      Bergbohnenkraut, Thymian,
      Rosmarin, einige Sellerieblätter,
      Oregano, getrocknet,
      2-4 Lorbeerblätter
      mindestens je ein Bund Basilikum
      grün und rot
Sahne, etwas Butter, Knobi, gustomäßig

Jetzt geht's los:

Topf nehmen, auf den Herd stellen, Messer
suchen, Brettchen holen, Tellerchen dabei, nen
Schluck Sherry trinken und loshacken. Knobi,
Petersilienwurzel, Zwiebeln, dazwischen:
*„Komm MichelEla, schreck doch mal bitte die
Tomaten mit Heißwasser ab und zieh mir die
Haut ab."* *„Nein, nicht mir, den Tomaten, aber
für mich und die Suppe."* *„So."* Noch`n
Schluck Sherry trinken und langsam auf die
Finger acht passen. Anschließend die Kräuter
hacken, alles auf Tellerchen bereitstellen und
den Herd anwerfen, Topf auf Platte, nen
Schluck Sherry; und den Kochlöffel suchen,
Schweiß abwischen, Butter in Topf, Olivenöl
dazu, Petersilienwurzel und Zwiebelchen rein
und ins Schwitzen kommen lassen, sich
rührend drum kümmern. Sind die blasierten
Zwiebeln leicht glasiert und dezent getönt,
könnten sie weitere Farbe vertragen. Damit
nichts anbrennt, die Tomaten dazu, die
durchaus rührig sich untermischen. *Proscht.*
`N Sherry drauf, aber noch nischt alles.
Bergbohnenkraut, Thymian, Lorbeerblätter,
Rosmarin, Sellerieblätter dazu, mit Rührung
die Entfaltung des Duftes abwarten und wenn

die ersten Bilder der Provence sisch imaginieren, unnscheniert die Supp dobei kippe. *Prooscht.* Die Hälfd vom Basilikumm e renn dun unn abunzo mim Löffel rühre. Sohnmer mo, ʼn halbe Stunn kann die Supp jedzd ziiehn, immer mo widder e bisje Sherry e renn. *Tschiers.* Wenn mer dann su ed Gefühl hott, ed is gud, and Telefon renne, die annere Freunde anrufe: *„IschhonngradʼnSherrysuppgemachd, woldernedvorbeikomme?"* *Skol.* Bis die do sinn, die Supp dursch e Sib drücke, widder uff de Herd stelle, abber nur uff 1, zum warmhalle, de grösde Teil vom resdlische Basilkum unnerrühre, abber e bisje wad uffhebe, für späder zum serviere, die Suppedeller rausholle unn Löffel och, unn wenn die annere dann do sinn unn ed is och noch wad vom Sherry do, dann die Supp nochemo veredele, inn die Deller fülle, vom resdliche Basilikum drübberstreue, ʼn Schuß Sahne noch renn unn: *Awodresohntee.*

~